# 3000円のトマトはなぜ売れた?

## 未来を決める「1日10分」奇跡の習慣

馬場啓介

かざひの文庫

# はじめに

ベンチにぐったりと座り、缶コーヒーを飲みながら、虚ろな目で遠くを見ているスーツ姿の若者。

「この仕事を続けていて大丈夫なんだろうか……」

「どうしたら貯金ができるのだろう……」

「結婚して、家族を養うことなんてできるのだろうか……」

そのような声が、全身から発せられている。

もっともこの本を届けたいのが、まさにそんな彼です。

今、私は、その若者が座っていた都内の小さな公園を眺めながら、オフィスの椅子に腰かけ、この本の「はじめに」を書いています。

運もよく、彼は15年後、多くの目標を達成しながら、ビジネスコーチとして活躍し、何冊もの本を執筆することに。そう、その彼こそが、15年前の私です。

今、新型コロナをきっかけに、私たちの「働き方」「生き方」の常識までが、急速に変わり始めています。「想定外の出来事」の連続の日々。まさに私たちは『想定外の時代』を生きているのです。

ただ、どんな時代になろうとも、15年前、路頭に迷っていた私が、ここまで変化し、成長できた「知恵」は、今も変わらず、いや、こんな時代だからこそ、多くの人に手を差し伸べることができると確信しています。

当時、3年間、ほぼ毎日、休憩していたにもかかわらず、気にも留めることがなかった、公園の桜の木のつぼみが、今年も顔を出し始めました。

諸行無常の世の中で、変わらずに見守ってくれるものがあることをうれしく思い、この物語を、過去の私のような方に届けることができたら幸いです。

# 目次

# プロローグ

「社長！　ついに例の人物の居場所を見つけました！」

アジア系美人秘書のスヨンが息を切らして僕の部屋にやってきた。

「シチリア島です！　イタリアのシチリア島でトマトジュースを売っているとか……」

「トマトジュース!?」

僕は本当にあの人物なのか不安になったが、すぐにプライベートジェットを手配するようにスヨンに頼んだ。

「社長！　いったいその人物は何者なんですか？」

「その話は飛行機の中で話そう！　あっ、トマトを１００個飛行機に積んでおいてくれ」

その30分後、僕は今日の約束をすべてキャンセルし、プライベートジェットに乗り込んだ。

「社長、なんだかとてもソワソワしていますね」

「あぁ、まさか本当にこの日が来るとは……」

たしかに僕はいつになく興奮していた。

興奮という言葉が正しいのかわからないが、僕の胸はいつにも増して高鳴っていた。

「では、社長！　そろそろ教えていただけますか？　その人物の正体を」
僕はトマトジュースで割ったウイスキーを一口で飲み干し、大きく深呼吸してから静かに話し始めた。

この物語は、1日80円の極貧生活からわずか3年で、真っ赤なプライベートジェットで世界中を飛び回るようになった〝トマト王子〟こと僕の物語である。

これは決して奇跡の物語ではない。

この物語を知り、次に大きな成功を手にするのはあなたかもしれない。

# 第1章
# 老紳士との出会い

## 金はないが"知恵"ならあるぞ！

「今月が最後のチャンスだ！　もし今月も目標を達成できなかったら、来月はない！」

社長は僕の顔に唾を浴びせながら言い放った。

3年前の冷たい小雨が降る夜のことだった。

僕の仕事はトマト売り。

僕の勤める会社は、年間1億円を売り上げるトマト販売会社だ。いや、トマト販売会社だった……。

というのも、長引く不況で前年の売り上げは3000万円に低迷し、60人いたトマト売りも、20人になっていた。

僕の売るトマトは、トマトといっても普通のトマトではない。1個3000円もする、高級トマトなのだ。

太陽のように真っ赤で美しい、いちごよりも上品な甘さの世界一のトマトだ。

6歳のとき、一度だけおじいちゃんの家で食べた日から、僕はこのトマトに夢中になった。

その日から、このトマトを毎日食べられるほどのお金持ちになることが、僕の夢となった。


しかし、朝から晩まで毎日あくせく働いても、僕の貯金が増えることはなかった……。

このトマトを食べられるようになるどころか、僕は会社をクビになる寸前にまで追い込まれていた。

未曽有の不景気と言われる時代。たいした学歴も何の知識も実績もない僕には転職なんてできるはずもなく、まさに人生最大のピンチだった。

僕に課せられていた目標は厳しかった。1カ月でトマト50個以上、金額で言えば15万円以上売り上げることだった。

しかし僕は、6カ月連続で20個程度、1カ月で6万円程度の売り上げしか上げられなかった。

月給は「売り上げの半分」と決まっていたので、家賃を払うのがせいいっぱい。毎日コンビーフと食パンと水だけで生活していた。

そんなある日の出来事であった。

朝、僕は物音を立てないようにトマト20個を箱に詰め、社長に気づかれないようにオフィスから出た。

その日はお昼ご飯も食べず、20キロ以上も歩き回って売り込み続けていたが、結局1個しか売ることができなかった。

疲れ果てた僕は、ベンチに座り、売れ残っているトマトを眺めながら途方に暮れていた。

そのときだった。

ボロボロの服を着た、ホームレスらしき老人が話しかけてきた。

「おいしそうなトマトじゃな。どれ、ワシに1個くれんか?」

あきらかにお金を持っていなさそうな老人だったので、僕は鼻で笑うかのように答えた。

「3000円払えるなら、喜んで……」

すると、その老人は言った。

「金はないが、そのトマトを売る〝知恵〟ならあるぞ!」

意味不明な発言にあきれた僕は、見向きもせず

「おじいさん! 〝知恵〟なんかでこのトマトが食べられるなら苦労しないよ」

そう嫌味を言い放ち、その場を立ち去ろうとした。

そんな僕を見て、老人は笑いながら言った。

「では、キミには〝知恵〟があるのかい？」

そしてこう続けた。

「どうせそのトマトを売ることができず、困っているんじゃろ？　ワシにはキミと違って、そのトマトをいくらでも売る〝知恵〟がある。その〝知恵〟とキミのトマトを交換しないか？」


図星だった老人の発言に腹が立った僕は、思わず感情をあらわにして叫んだ。

「このトマトは1個3000円もする高級品なんだよ！　3000円もするトマトをタダであげたら、僕はもう、完全にクビだ！」

動揺している僕に、老人は笑いながら言い返してきた。

「キミはワシの〝知恵〟をタダだと思っているのかい？　ワシの〝知恵〟は、間違いなくそのトマトの1000倍以上の価値はあるぞ！」

「そんな素晴らしい〝知恵〟があるなら、さぞかしお金を持っているんでしょうね！　だったら、３０００円ぐらい払ってくださいよ」

するると、老人は小声で

「チャンスを逃したのう、青年」

とつぶやき、その場から静かに立ち去っていった。

その日の僕は、結局１個しかトマトを売ることができずに帰宅した。ラストチャンスとなる今月も、半分が過ぎようとしていた。

暖房もなく凍えそうな木造の小さな部屋で、のり巻きの具のように布団にくるまりながら、僕は何も食べずに寝ることにした。

「すべては時代のせいだ！　誰がこんな不景気にしたんだ、クソ！　それに、こんな時代に３０００円もするトマトが売れるか！」

そのとき、ふとあの老人のことを思い出した。

（3000円もするトマトを、こんな時代に売る〝知恵〟なんて本当にあるんだろうか？　どうせ無茶な方法を言うだけで、トマトをタダで食べようとしているに決まってる……）

## 被害者から脱出せよ！

次の日がやってきた。

誰よりも早く出社した僕は、いつものようにトマトを1個ずつ、丁寧にハンカチで磨きながら、箱に詰めていた。

すると、珍しく早く出社した社長が僕の横にやって来て小声で言った。

「今月でお別れのようだな……。残念だが、無駄に売れ残るトマトが減って助かるよ」

僕は苦笑いしながら社長に頭を下げ、いつものように営業へ出かけた。

子供の頃から大好きで、ずっと憧れだったこのトマト。しかし今は、爆発寸前の爆弾に見えてしまうほど、僕は精神的に追い込まれていた。

その日も結局、夕方までに1個しか売れず、疲れ果てた僕はいつものベンチに座り、水を飲んでいた。

すると目の前に外国のファッション雑誌で見るようなダンディな老紳士が現れ、僕に話しかけてきた。

「そのトマトを1個くれないか？」

「ありがとうございます。３０００円になります！」

僕は興奮しながら、すぐさまトマトを入れる袋を取り出した。

すると、その老紳士は言った。

「いやいや、買う気はない！　ワシの〝知恵〟と交換してくれ」

おや？　と思い、その老紳士をよく見ると、昨日のホームレス風の老人とよく似ていた。

「まさか、昨日のおじいさん？」

「そうだよ。昨日とずいぶん対応が違ったな！」

老紳士は、笑いながら話を続けた。

「人を見かけで判断するようじゃ、そのトマトはいつまでたっても売れんじゃろう……」

僕は何も言えなかった。

そして、なぜだか急に込み上げてきた涙を、しばらく止めることができなかった。

老紳士は僕が泣きやむまで、黙って遠くを見つめながら僕の横に座っていた。

そして、泣きやんだ僕の背中を叩いて言った。

「キミの人生はこれからじゃよ！　これからどんな夢でも叶えることができ

る！」

そして、老紳士は静かな声で僕を見つめて言った。

「トマトを1個くれ」

その老紳士のブレない眼差しに圧倒され、僕は思わずトマトを1個箱から取り出し、素直に手渡していた。老紳士は手にしたトマトを躊躇なく大きな口に入れ、僕の目を見つめながらおいしそうな顔でむしゃむしゃと食べた。

「では、トマトをたくさん売る〝知恵〟ってやつを教えてください！」

僕がそう言うと、老紳士はまず、今の僕の状況を自由に話せと言ってきた。

僕は話した。自分の目標……、今の金銭状態……、今月クビになりそうなこと……、すべてを。

僕が一通り話し終えると、老紳士はこんなことを言った。

「キミに教える〝知恵〟は、キミが変わる〝知恵〟じゃ。トマトを売る方法ではない！　トマトが売れるようになるために、キミ自身を変える方法じゃ！」

意味不明でうさんくさい話に、僕は思わず老紳士の首を絞めようかと思った。

そんな気持ちを無視するかのように、老紳士は続けた。

「今のキミでは、何をやってもトマトを売ることはできない。いいかいトマト君！　もしキミが、今月の〝理想の結果〟を出したければ、まずはキミ自身が〝理想の状態〟になる必要がある！　**『〝最高の状態〟でしか〝最高の結果〟は生まれない』**というのは、ビジネス、スポーツ、その他すべてにおいての基本じゃ！」

トマト君という呼び名にツッコむ気力もなく、僕は意味不明な老紳士の話を黙って聞くことにした。

「〝理想の状態〟になるためには、まず、キミは被害者から脱出する必要がある！」

「被害者……」

「〝不景気のせい〟とか〝トマトの値段が高いから〟と言って、キミは自らを被害者にしているんじゃ。まず、**被害者になっている〝惨めな自分〟では、〝惨めな結果〟しか生まれない**ことを覚えておきなさい」

何も言い返すことができず、僕は黙ったまま小さくうなずいた。

「ではこれから、キミを〝最高の状態〟に変える方法を教えよう！」

---

ここから始まる老紳士とのやり取りから、僕の人生が始まったと言っても過言ではない。

それから3年後、今の僕は、絵画のようにロマンティックな家を海沿いに建て、家族3人で暮らしている。

朝食のときは海を見ながら、憧れだったあのトマトを5個使ったジュースをゴクゴク飲んでいる。

あのとき、もし、老紳士にトマトをあげていなかったら、きっと今頃、ホームレスになっていたか、病気になってしまって、すでにこの世にはいなかったかもしれない……。

# 第　2　章

# 僕の目標

## 持って生まれた能力に差はない！

「ノートとペンはあるかな？」

トマトの売り上げを書き記すためのノートとペンを、僕は急いでカバンから取り出した。

情けないことに、ノートはほとんど真っ白だった。

「トマト君！　これからワシが書けと言ったことをノートにしっかり書きたまえ。最後にそのノートが、キミを〝理想の状態〟に変えてくれる〝魔法のノート〟に変わるはずじゃ！」

意味不明だったが、僕はとりあえず深くうなずいた。

「さて、キミの今の目標はなんだい？」

「目標ですか……。それはトマトを月に50個売らなければならないことです」

「それは、目標ではない！　与えられたノルマじゃ！」

「目標とノルマって違うんですか？」

「まったく違う。ノルマというは経営者視点から見た、キミを雇うための最低条件じゃ」

「では、今は特に目標という目標はありません……」

「いいか、トマト君、**自分を〝理想の状態〟に変えるためには、〝目標〟が必要なんじゃ**」

「〝理想の状態〟って、いったいどんな意味なんでしょうか……？」

僕はおそるおそる質問してみた。

「〝理想の状態〟とは、キミがもともと持って生まれた能力を、目標に向けて最大限に発揮できている状態のことじゃよ。歴史に名を残してきた成功者も、キミのような暗い凡人も、もともと持って生まれた能力やエネルギーにたいした差はない！」

「そんな……。成功者には、持って生まれた才能ってものがあるのでは？」

「それは凡人の言い訳じゃ！　たしかに、運動能力や学習能力は、生まれながら同じではない。ただ、そこらへんにゴロゴロいる**金持ちと貧乏人には、たいした差などない。**では、なぜ成功者と凡人には〝大きな違い〟が生まれるんだと思う？」

僕はちょっとだけ考えたフリをして、困った子猫のような目で老紳士を見つめた。

「成功者には必ず〝目標〟がある。そして、その〝目標〟に自分の全エネルギーを集中させ、レーザービームのような強い力で突き進んでいるんじゃ！」

僕は老紳士の「デカすぎるだろ！」とツッコみたくなるほどのジェスチャーを眺めながら話を聞き続けた。

Note

## 努力は裏切る！

「人は脳の機能を3％程度しか使っていないという話を知っているかな？　あの偉大なアインシュタイン先輩ですら9％程度だったと言われている。ま、いろんなデータはあるがな」

「先輩……」

「ただ、何かを成し遂げている**成功者は、凡人と比べて〝目標〟に向けて全エネルギーを一点に集中させている**から脳の活用率が高い。ただ、どんなに高くても10％そこらじゃ！　人にはまだまだ想像もできないほどの能力が秘められているってことも覚えておくといい」

僕は、老紳士の確信に満ちた話し方と力強さに惹き込まれ、目を離すことができなかった。

老紳士はさらに話を続けた。

「すなわち、キミのようなぶざまな凡人にだって〝目標〟を設定し、その目標に全エネルギーを集中させることができれば、凡人が思いつく目標ぐらい、余裕で達成できるってことじゃ！」

とにかく僕はすさまじい老紳士の迫力に圧倒されていた。

「凡人でも毎日6万回ほど色々と考えているようだが、目標が定まっていないから、考えていることもばらばらで、限られたエネルギーを太陽のように拡散させている。拡散されたやわらかいエネルギーに何かを達成する力などない！結局、やっていることも毎日同じことばかりで、運まかせじゃ！　だから、結果もたいして変わらない。『ノルマを達成できないと職を失い、餓死する』とキミは言ったな？」

誰も『餓死する』とは言っていない……と思いながらも、素早くうなずいた。

「そんな人生最大のピンチのときに、キミはそのノルマに向かって全力で立ち向かっているのかね？」

「まぁ……努力はしているつもりです」

すると、老紳士はニヤけた顔でこんな質問をしてきた。

「もしかして、努力していれば報われるとでも思っているのか？」

僕は言い返す言葉を見つけられなかった。

〝がんばっていれば、いつかきっといいことがある！〟

〝努力していれば、いつか必ず報われる！〟

そう言い聞かせ、身体にムチを打ちながらずっとがんばってきたからだ。

「たしかにキミはよくがんばっている。そのすり減った靴のかかとを見てもよくわかる。ただ、残念なことにキミの言う努力をどんなにしても、キミが報われることはない！　一生、その努力する日々が続くだけじゃ！」

「そんな！　〝努力だけは裏切らない！〟って尊敬するじいちゃんが……」

老紳士は反論する僕の目を見つめながら、とても爽やかな顔で残酷な話を続けた。

「ではなぜ、大雨だろうと大雪だろうと何年も休むことなくトマトを売り歩いていたキミが、努力に裏切られ続けているのかね？」

僕はまた、何も言えず黙り込んでしまった。

「キミの言う〝努力〟は誰にでもできることではない！　努力できるというのは、たしかにキミの立派な〝強み〟じゃろ。だが、人生は努力したからって報われるほど甘くはない！」


真剣な眼差しで僕を見ながら、老紳士は話を続けた。

「事実、ワシの周りにはたくさんの本物の成功者がいる。ただ、彼らはキミほど、キミの言う努力はしとらん！　キミが怠けてしていないことを、しっかりやっているだけなんじゃ」

「僕が怠けてしていないこと……」

「ではトマト君！　キミはラストチャンスの今月、結果が出なかった先月といったいどんな違う行動をしているんだね？」

僕は必死で何かを言おうとしたが、思いつかなかった。

「狂気じゃ！　キミの空っぽの頭でも、同じ行動を繰り返していたのでは、同じ結果しか生まれんことぐらい、ちょっと考えればわかるじゃろう？　それともキミは、心のどこかで会社をクビになりたいと思っているのか？」

「それは違います！　僕は〝トマト売り〟という仕事に誇りを持っています」

このセリフは心の底から湧いて出た言葉だった。

僕はこのトマトが大好きで、このトマトを売ることに誇りを持ってやってきた。

老紳士は、一瞬、とても優しい目をして話を続けた。

「だが、同じ行動を繰り返しているキミを見ていると、クビになりたいと思いながら毎日必死で歩き回っている理解不能のアンポンタンにしか見えん！」

（アンポンタン……）

「キミは毎日〝ボロボロになるまで働けば報われる〟と自分に言い聞かせて、あることをせずに怠けてきたんじゃ！」

「そのあることって……!?」

僕は、これまでの自分を守ることをやめ、老紳士の話に耳を傾け続けた。

「**変化する努力**じゃ！　キミは変化することを怠り、トマトを昨日より今日、ひとつでもたくさん売るための〝工夫〟を考え、行動することから逃げてきたんじゃ！」

たしかに僕は、〝売らなければまずい〟と思ってはいたものの、売るための方法を本気で考えていたわけではなかったのかもしれない。

「もしキミが〝**理想の人生**〟**を手に入れたければ、ただ汗水たらして努力を繰り返す前に、常に〝変化を選択し、工夫する努力〟が必要**なんじゃ！　ほれ、〝天才は１％のひらめきと99％の努力〟なんて言葉もあるじゃろう！　その言葉の意味も、〝１％のひらめきがなければ99％の努力は無駄になる〟ということじゃ」


僕は老紳士の話に不思議なほど説得力を感じ始めていた。

「でも、変化する努力っていったい……」

「たしかに、変化する努力は、キミが得意とする根性ではどうにもならん！　だが安心せい！　ワシがトマトの代わりに教える〝知恵〟とは、そのとびっきり極上の〝変化する方法〟じゃ！」

僕は彼にとても大きな期待感を抱き始めていた。

「よいか、トマト君！　これからまず〝目標〟の意味を教えよう！　キミには今、目標がない。だから、人生最大のピンチであるにもかかわらず、ただ同じハードな毎日を繰り返す不思議な状態が続き、崖っぷちに追い込まれているんじゃ！　よし、ドMじゃないなら、ノートを開け！」

僕はペンを強く握りしめ、老紳士の言葉に集中した。

## 未来の自分を味方にする目標設定

「目標には、４つの条件がある！」

真剣な表情で固唾をのんで見守る僕に、老紳士は自信たっぷりの表情を浮かべて言い放った。

そうして挙げたのが次の４つだ。

## 目標設定の4つの条件

- 期日がある
- 達成できたか客観的に測ることができる
- 今のままでは達成できそうもない目標である
- ワクワクする!

僕は素早くノートを取りながら、老紳士の次の言葉を待った。

「〝目標は〟とは、ただの目的地ではない！　**今の状態を脱出し、理想の状態に引き寄せるパワーを持った、最強の仲間**なんじゃ！」

「目標が、僕の仲間……」

「いいか、トマトよ！　目標とは、今のまま〝ちょっとがんばれば達成できそうな内容〟では意味がない。目標とは、〝今のままでは無理だ〟とモヤモヤし、そして〝達成できたらすごいだろうな……〟と**ワクワクする大きな内容**で設定する必要があるんじゃ！」

僕はこの意味をよく理解することなく言葉を返した。

「だけど、僕はノルマすら達成することができないんですよ？　それ以上に大きな目標だなんて、考えただけで目眩が……」

老紳士はニヤけて、迷子の子猫のような僕の目を見ながら話を続けた。

「それは、ノルマだからじゃ！　〝しなければならないノルマ〟というのは、逆に人のやる気やエネルギーを奪ってしまう。だから、目標には〝4つ目の条件〟が必要なんじゃ！」

僕は今書いたばかりのノートに目を落とした。4つ目の条件とは……。

「ワクワクする……」

「そう。**目標とは、誰からの強制も圧力もなく、達成後を想像するだけで、幸せな気持ちになれるもの**でなければならない！」

老紳士の言っていることはただの理想論のように聞こえたが、とにかく僕は話に集中することにした。

「よく成功者ぶったやつが、ドヤ顔で『夢を持て』なんて無責任なことを子供たちに言う。みんな持ちたくても、持てないから困っているというのにな」

たしかに、ここ数年、僕も〝夢〟という言葉を聞く度に、蕁麻疹が出そうだった。

「子供の頃からの夢なんていらん！」

老紳士ははっきりと言い切った。

「必要なのは、急速に変化していく時代を生き抜くために不可欠な、**自分を変化させ、成長させるための〝目標〟**じゃ！　どんな時代にも、負けずに、強く生き抜くために必要な〝ブレない軸〟となる目標じゃ！」

鳥肌が立った。そして、なんだか急に、身体が少し軽くなった気がした。

「では、これから一緒に〝目標〟を設定するとしよう。ワシの質問に答えていけば誰でも設定できるから安心したまえ！　では、まず〝目標〟のフォーマットを教えよう」

## ●目標のフォーマット

20××年〇月△日までに

を達成し、

になっている！

「目標設定のやり方はいくつかあるが、キミの状態だと、このスタンダードなフォーマットがよいじゃろう！　４つの条件を満たし、このフォーマットで完成した文章がキミの〝目標〟になる！」

僕は高校の試験前の授業のように、必死でノートを取った。それから老紳士は、僕の〝目標〟を引き出すために、質問のシャワーを浴びせた。

Q キミにとっての〝成功した状態〟とはどんな状態？

**お金持ちになって、海が見える家に住んで、高級車に乗って……。**

Q そのときの年収は？

**3000万円は欲しいなぁ……。**

Q 他にお金持ちになってしたいことは？

親孝行をしたい……。

Q どんな？

安心して老後を過ごせる街に、床暖房付きの家を買ってあげたい……。

Q そのときキミは、どんな仕事をしているのかな？

会社を経営していたいな……。このトマトは売っていたい！

Q 今、だいたい何年後をイメージしているのかな？

3年後くらいでしょうか……。

Q その3年後のキミは、どんなトマト売りになっているのかな？

世界中でこのトマトを売っています！

**周りの人から、どんな人間と呼ばれているかな？**

**トマトで大金持ちになった男！　いや……トマト王子！　なんて……。**

**今、ワクワクしているか？　トマト王子よ！**

**はい！　想像するだけで気持ちがワクワクしてきます！**

ほろ酔い気分で気持ちよさそうな僕を微笑ましく見つめながら、老紳士は質問をやめた。

## トマト王子になりきれ！

「よろしい！　ここまでイメージできれば目標を設定できる。まず、期日を3年後の20××年○月△日と書く！」

ほろ酔い気分から目を覚まし、僕はノートに期日を書き込んだ。

それを見た老紳士は僕が答えたことを確認するようにゆっくりと言った。

「3年後のキミは、世界中でこのトマトを売り、年収が3000万円になっている。そして、海の見える家に住み、親に、家をプレゼントしている、じゃな?」

「そうでしたね……。夢のまた夢だな……」

「こんなレベルの目標なんぞ楽勝じゃ! 難易度は下の下じゃ!」

この老紳士がそう言うと、そんな気分になりそうな自分が怖かった。

「トマト王子! 目標のフォーマットの1つ目の空欄に入る言葉を考えよう。もう一度聞く! 3年後の自分は、どんなことを達成しているのかな?」

僕がしばらく考え込んでいると、老紳士は待ちきれずに叫んだ。

「ダメじゃ、ダメじゃ! ミジンコより小さな今の自分の頭で考えちゃいかん! 何だってできる〝トマト王子〟になりきって、自由に考えて、声に出せ!」

言われた通りにすると、不思議なことに自然といろんなことが浮かんできた。

Prince of Tomato

「トマトの店を、世界中のいろんな国でオープンさせています！」

「世界中とは具体的に何カ国かな？」

「ん～。ドイツ、イタリア、フランス、スペイン、イギリスとか……10カ国！」

「素晴らしい！　それが3年後のトマト王子が達成した一番ワクワクする大きなことであれば、1つ目の空欄にそのまま数字を入れて書くといい！」

僕はそこに、『トマトのお店を世界10カ国にオープンする』と書き込んだ。

「では、最後の質問じゃ！　『トマトのお店を世界10カ国にオープンする』を達成すると、キミは、世間からどんな人間と言われているのかな？　できるだけ大きく考えてみたまえ！」

この質問への答えを思いつくまで、そんなに時間はかからなかった。

このときの僕は、不思議と〝3年後の自分〟になりきっていたのだ。

「トマトでお金持ちになった、世界で一番の〝トマト王子〟と呼ばれる男になっています！」

僕は今の危機的状況を忘れ、バカのようにハイテンションになっていた。

老紳士は大きな声で笑いながら言った。

「いいぞ！　ただ、２つ目の空欄を完成させるためには、もう1つポイントがある。それは、**世の中にどんな貢献ができているのか**を考えることじゃ！」

「世の中へどんな貢献ができているか……」

「〝自分がこうなりたい！〟も大切じゃが、それ以上に、自分が世の中にどんな貢献ができているのかをイメージするほうが、よっぽどキミをワクワクさせてくれるんじゃよ！」

僕は目を閉じてちょっと考えてみた。すると、こんな思いが浮かんできた。

「世界一、トマトで多くの人を笑顔にした〝トマト王子〟と呼ばれる男になっています！」

老紳士は満面の笑みで僕を見つめ、２つ目の空欄を書き込み、〝目標〟を完成させるように指示した。

## ●目標のフォーマット

20××年○月△日までに

トマトのお店を
世界10カ国にオープンする

を達成し、

世界一、トマトで
多くの人を笑顔にした
〝トマト王子〟と呼ばれる男

になっている！

「よし、これで、キミの〝目標〟は、とりあえず完成じゃ！」

そう言うと、老紳士は満足そうにうなずいた。


あの日、老紳士とのやり取りで設定した〝目標〟は、つい3日前まで僕のオフィスに大きく書いて飾ってあった。もちろん、手帳の中にも大きく書いて、毎日見るようにしていた。

その目標を達成した僕は今、新たに3年後の目標を設定し、歩み始めている。


「社長にもそんな時代が……」

華やかな僕しか知らない秘書のスヨンは、驚いた様子で僕を見つめていた。

「しかし、社長！　1つ気になったんですが、なぜその老紳士は、大雨の日も大雪の日も、社長が何キロも歩いてトマトを売っていたことを知っていたんでしょう?」

「そう言われるとそうだな……」

たしかに、今思うとあの老紳士は僕が話した以上に僕のことを知っていた気がする。

僕はスヨンを見つめながら、ウイスキーを飲み干した。

# 第 3 章

# 『M215』

# 目標こそ命！

老紳士が「気分転換に少し歩こう」と言うので、僕たちは沈む夕日の光を背に、まるで青春ドラマのように河原を歩いた。

「トマト王子よ！　よく覚えておきなさい。人は、目的もわからず、どこにあるのかもわからん星に生まれ、生きることになる。それに、この世は、理不尽で不平等なことだらけじゃ」

僕は老紳士の彫刻のような横顔を見ながら、大きくうなずいた。

「だから〝生きる目的〟は自分でつくるしかない。そして、不平等を嘆く暇があるなら、成長するために常に自分で変化する努力をするしかない。〝目標〟は、我々に〝変化する力〟だけでなく〝永遠の命〟を与えてくれる！　〝目標〟のない人生など、生きていないのと同じじゃ！」

ずいぶんと気持ちよさそうに熱弁するその姿は、ドラマの熱血先生さながらだった。

「今日、キミは〝目標〟を手にした！　そして今日、キミは、トマト王子になったのだ！」

さすがの僕も、この言葉を鵜呑みにするほど〝おめでたい男〟ではなかった。どう見ても僕はまだ、〝トマト王子〟どころか、トマトもろくに売ることができない無職寸前の〝ダメ男〟だ。

僕のテンションが、少し落ちていることを敏感に察した老紳士は、こんな話を続けた。

「恐らくキミは今、〝目標〟が完成する前よりも、今の自分が嫌いになっているはずじゃ」

たしかに、少し冷静になった僕は、〝理想の自分〟とあまりにもかけ離れている〝今の自分〟にイライラというかモヤモヤというか、〝このままじゃまずい〟という、不安と焦りを感じていた。

「今のキミが感じている〝不快〟な感情こそが、目標から与えられた〝力の源〟であり、〝トマト王子〟になるエネルギーとなる！」

意味がまったく理解できなかったが、僕は黙って話を聞くことにした。

「どんなに不快でピンチな状態であれ、人は〝変化〟を嫌う生き物なんじゃ。〝これまでやってきたこと〟や〝これまで居続けた場所〟を変えようとすると、脳が〝エラー〟と判断し、行動を止めてしまう！　人の脳には強い〝現状維持機能〟が備わっているからな」

人生最大のピンチであったにもかかわらず、これまで新しいやり方を考えてこなかった理由が、ただの〝ドM〟でも〝怠け者〟でもなかったとわかり、ちよっとホッとした。

「キミの今感じている〝不快〟な感情こそが、〝現状維持機能〟をぶち壊し、キミを変化させるエネルギーになるってことじゃ。〝今のままではいたくない！〟という気持ちが強ければ強いほど、キミをより早く〝トマト王子〟に変身させてくれるわけじゃよ」

僕の心の声が聞こえているかのように、老紳士は最高のタイミングで不安要素を取り払ってくれた。

「キミのためにもう一度言おう！　キミは今日から、〝最高の状態〟を手にした3年後の自分！　〝トマト王子〟になったのじゃ！」

「押忍！　マイ ネイム イズ トマト王子！」

老紳士のテンションに、僕は完全に身を任せた。

「よく覚えておきなさい！　〝いつか……〟とか、〝3年後……〟などと言って、今、行動を起こせない残念な者がたくさんおる」

それはまさに、僕自身のことだったが、〝いるいる！〟と他人事みたいな顔でうなずいた。

「今この瞬間から目標達成した自分になりきり、足りない部分を埋めるために必死で考え、行動する。それにより、本当に必要な準備ができ、目標が達成できるんじゃ！」

心に深く残る言葉だった。僕はこの言葉を素早くノートに書いた。

「いいかトマト王子！　キミはこれからトマト王子になりきって、3年後の目標に向かって一歩一歩〝小さな目標〟を達成していかなければならない！」

夕日を背に話す老紳士が、まるで神様のように見えていた。

「人の脳にはフィルター機能がある。目や耳から入る情報をすべてキャッチしているると、脳みそがパンクしてしまうからな」

「へぇ……」

「トマト王子！　今、一番、欲しいものは何だ？」

「彼女、お金、温かい布団、愛、車、腕時計、えっと、あと……」

「もうよい！　こんな経験はないか？　すごく欲しいものがあると、そればかり目に入ってくるという経験じゃ！」

「あります！　街を歩いているとカップルばかり目に入ってきます！」

「それは嫉妬じゃ！　もういい、話を進めよう！　人の脳は、今、本当に必要で欲しい具体的な情報だけを、自然とキャッチするようになっている」

「はぁ……」

「トマト王子は、今、本当に必要で欲しい情報がないから、カップルのイチャイチャする姿しか、脳がキャッチできないんじゃ！」

（かっこ悪すぎる……）

「ただ、3年後の自分になりきることができればどうじゃ？　〝トマト王子〟は、今のかっこ悪すぎるキミとは違って、必要で欲しい情報が山ほどある！　今後は、イタリアやフランスの物件にもアンテナが立つことだろう」

「なるほど！　たしかに、トマト王子は、絶世の美女にしか興味がありませんしね！」

「……。今のトマト君のままでは、何を考え、どうがんばってもダメってことじゃ！　今から〝トマト王子〟になりきり、毎日を〝理想の状態〟で生きることで、3年後のトマト王子が必要とする情報をキャッチできる。すると、気づけば、3年後にはモテモテの〝トマト王子〟になっているってことじゃ」

僕は思わず右手のコブシを、夕焼け空に向かって大きく突き上げていた。

「しまった！　トマト王子！　今何時じゃ？」

急に老紳士は、慌てた様子で僕に時間を聞いてきた。

「もうすぐ6時です！」

「すまんが、今日はここまでじゃ！　デートの約束を忘れていた！」

（デート……？）

「今日は、目標が見つかっただけでも、大きな成果じゃ！」

たしかに僕は、ちょっとした満足感に浸っていた。そして、久々に、少し、未来が楽しみになっていた。


「世界には、今日を生きるために必死で働かなくてはならない子供たちが数え切れないほどいる。だというのに、どんなに不景気とはいえ、恵まれた国に生まれたにもかかわらず、ワクワクする目標に向かって生きていないのは罰当たりというもんじゃ！」

アキレス腱を伸ばしながら話す老紳士を眺めながら、僕は深くうなずいた。

「また明日、4時にここへ来い！　明日は、どんな目標も叶えてしまう『8つの質問』を教えよう」

「よろしくお願いします」と言おうとした瞬間だった。

老紳士は獲物を狙うライオンに追いかけられているかのように、全力疾走で消えていった。

その日の夜、ワクワクする目標を大きな紙に書き、壁に貼った。

目標を紙に書き、いつでも見られる場所に貼るだけで達成できると、昔、何かの本で読んだことがあったからだ。

そして、その目標を眺めながら、〝何をすればいいのか〟をペラペラの布団にくるまりながらじっくり考えてみた。

10分……、30分……、60分……。

気がつくと朝だった。

## 魔法の8つの質問

翌日、僕はこれまでとまったく変わらない1日にいつも以上に焦りを感じていた。

どうも仕事に集中できず、約束より少し早めに河原へ向かうことにした。すると、誰かがひとり、ぽつんと体育座りをしていた。

近づいてみると、昨日と同じ格好をしたあの老紳士の背中だった。

「こんにちは！　今日もよろしくお願いします！」

僕は元気よく声をかけてみたが、まったく反応がない。

不思議に思った僕は、老紳士の横に座り、その顔をのぞきこんだ。

すると老紳士は、魂を抜かれた瞳ではるか遠く一点を見つめたまま硬直している。

とりあえず僕は、静かに隣に座ることにした。

僕の存在に気づいた老紳士は一点を見つめたまま小さな声でブツブツ何かを言い始めた。

「貴様のせいじゃ……。トマトのせいじゃ……。バカトマト！　くそトマト！」

きっと昨日のデートがうまくいかなかったのだろう。僕は被害者になっている老紳士の背中をさすりながら、家路を急ぐカラスたちをしばらくぼんやりと眺めていた。


気がつくと太陽の光は消え、空気もひんやりとしていた。

そのときだった。老紳士は急に立ち上がり、両手を広げ、月に向かって大声で吠えた。

「キャサリ――――――――ン！」

そして、僕の前に立ち、上から見下ろして言った。

「トマト小僧！　さっさと昨日の続きを始めるぞ！」

僕は、何も言わずノートとペンを取り出し、大きな声で返事をした。

「よろしくお願いします！」

このとき、僕は完璧な人間なんて存在しないんだということを知った……。


老紳士は何事もなかったかのように昨日の続きを始めた。

「昨日、トマト君は、目標を見つけ、トマト王子になった！　これは素晴らしい変化じゃ！」

「はい。昨日、目標を紙に書いて壁に貼りました！」

「ほ～。なぜじゃ？」

「いや、毎日見えるところに貼るだけで、目標が達成できるようなことを何かの本で読んだことがあって……」

「たしかに、目標を毎日見て意識することは大切じゃ！　ただ、当然それだけで何かが変わることはない！」

「そうなんですね。昨夜、目標を眺めながら、何をやればいいのか考えてみたのですが、まったく思いつかず、気がつくと寝ていました」

「言ったじゃろ！　今のかっこ悪すぎるトマト小僧のまま何か考えても時間の無駄じゃ！　まだ、カップルのイチャイチャでも指をくわえて見ていたほうがマシじゃ！」

（……）

「それと、これだけは肝に銘じておけ！　**目標達成に〝効果的な方法〟はあっても、〝楽な方法〟はない！**　愚か者はすぐ、よく本に書かれているような〝楽な方法〟に飛びつこうとする！　成功者が結果的にやっていたことを、目標もない凡人が真似ても逆効果だとも知らずにな！」

まさに僕はその愚か者の一人だった。老紳士の知恵もすっかり〝楽な方法〟

なのかと期待していた。

老紳士は僕の肩に、大きく、あたたかい手を乗せ、話を続けた。

「よし、ではこれからどんな目標も達成させてしまう〝魔法の8つの質問〟を伝授しよう！」

〝魔法〟と聞いた瞬間、さっそく楽な方法を期待してしまった僕は、ペンを強く握りしめ、老紳士の話に集中した。

すると、老紳士はこんなことを言い始めた。

「これから教える〝魔法の8つの質問〟には、〝2つの不思議な力〟が秘められている！　1つは、キミを〝トマト王子〟に変えてしまう力！　もう1つは、キミを〝トマトジュース〟に変えてしまう力じゃ！」

ポカーンとした僕の目を見て、老紳士は話を続けた。

「〝トマトジュース〟とは、まさに地獄絵図！　キミはトマトジュースのごとく、血まみれになり、この世から消えるということじゃ！」

急に、過激な恐ろしい言葉を発した老紳士が、一瞬、血も涙もない〝閻魔大王〟に見えた。

「この8つの質問を知るからには、必ず守らなければならない約束がある！その約束を守ることができれば、キミは必ず〝トマト王子〟になれる！　ただ、もし……その約束を一度でも破ってしまったら……」

その瞬間、老紳士は、一瞬世界が真っ白になるほどの恐ろしき眼光を放った。

「それでもキミはこの〝魔法の8つの質問〟が知りたいか？」

「おっ、押忍！」

僕はどんな約束なのかを聞くことなく、威勢のいい声を張り上げ、老紳士に向かって敬礼をしていた。

「約束は簡単なことじゃ。質問は2種類ある！　月2回の〝4つの質問〟と、毎朝する〝4つの質問〟！　毎月2回の15分と毎朝10分、休日以外は、必ず時間を作ってしっかり答える！　それだけじゃ！」

厳しい約束じゃなかったことにホッとした僕は、「楽勝！」と言わんばかりの笑みでうなずいた。

---

プライベートジェットが激しく揺れ始めた。

秘書のスヨンはシャンパングラスを手にし、一気に飲み干した。人一倍、警戒心の強いスヨンが、いつもより近い距離で身を乗り出し話に聞き入っていた。

僕も2杯目のトマトジュース割りのウイスキーを飲み干し、スヨンのグラスにシャンパンを注いだ。

あのとき、楽勝だと思った老紳士との約束は、実際にやってみると、意外と大変だった。正直、毎日、トマトを売るために、朝から晩まで歩き回るよりも、慣れるまでは大変だった。

特に、習慣化されるまでの3カ月間は何度もサボろうとしたが、その度に、閻魔大王のような目と、最後に老紳士から聞いた〝靴磨きの少年の話〟を思い出し、老紳士と自分の可能性を信じてやり続けた。

## 『M215』

「ではこれから、キミを〝理想の状態〟である〝トマト王子〟に変身させるための〝魔法の8つの質問〟を紹介しよう。まずは月2回、すなわち半月に1回、15分で答える〝4つの質問〟からじゃ！　月（Month）に2回、15分だから、その名も『M215』！」

「M215……」

かっこいいバイクのようなネーミングに、僕は興奮していた。

「まず、ワシの知恵がなぜ質問ばかりなのか説明しておこう！　人の行動は、自分で自分にする質問で決まっている！　**人生の質は、自分への質問の〝質〟で決まる**と言っても過言ではない！　トマト王子になるまで、変化し成長するには、まず自分にする質問を変えなければならない」

僕は老紳士の話に聞き入った。

「これから教える〝魔法の8つの質問〟は、キミを最速でトマト王子に変化させ、成長させるために絶対不可欠な、最高級の質問だということを覚えておきなさい。では、『M215』の1問目じゃ！」

目標を
達成した
3年後の私は、

QUESTION1

# 3年後の今日、
# 何をしている？

「トマト君の場合は、３年後の状態を〝目標〟にしたから、３年後じゃ！　目標は、１年後でも10年後でもいい。ただし、目標とはどんなに短くても６カ月以上で設定することがポイントじゃ！」

僕は何度も大きくうなずきながら、老紳士の言葉をメモしていった。

「この質問は、今から見せる〝13の切り口〟で、具体的にカラーの映像でイメージすればいい！」

そう言うと老紳士は、ポケットからくしゃくしゃになった紙を取り出し、僕に手渡した。

そこには《プライベート編》と《仕事編》に分かれた13個の具体的な質問が、恐ろしく汚い字で書かれていた。

「この〝13の切り口〟は、家に帰ってからじっくりと考えるといい。例えば、３年後のトマト王子は、どんな１週間を過ごしているかな？」

「どんな1週間……。ええと、週3日は、世界中を飛び回っていたいな……」

とまどいながら答える僕に、老紳士は厳しいツッコミを入れた。

「おい、トマト！　これからは、〝いたいな……〟はやめて、〝している！〟でいこう！」

僕は慌てて言い直した。

「週3日は、世界中を真っ赤なトマトカラーのプライベートジェットで飛び回っている！　週2日は、トマト畑を視察したり、トマトの新種開発をしていて、週2日は休みです！」

「なかなかじゃ！　そんな感じでもっともっと具体的に、カラーでイメージすればいい。何より大切なことは、**イメージしたあとに〝どんな気分か〟を味わうことじゃ！**」

（大切なのは気分……）

「結局、人が目標を達成し、手にしたいものはその〝気分〟なんじゃよ。面白いことに、その〝気分〟はイメージするだけで味わうことができてしまう。1カ月に2回でもその気分を味わえば、キミは〝トマト王子〟になれるんじゃ！」

「はぁ……」

曖昧な返事をする僕を見て老紳士が一喝した。

「**ワクワクすることから逃げるな！**」

この言葉に、僕の心は痺れた。

「ワクワクしても、現実に戻ると落胆することになるから、多くの者が〝現実を見ろ！〟などと自分自身に言って、ワクワクする目標から目を背ける。情けない自分を、さらに嫌いにならないようにな」

必死でメモを取っている僕の状態を確認しながら、老紳士は話を続けた。

「もしワクワクしなくなったら、この1問目の質問をしてみることで〝目標〟を見直す必要がある。では、2問目じゃ！」

QUESTION 2

# 1年後、どんな状態になっていたら、確実に目標を達成できている？

「目標を2年以上先に設定した場合は1年後、2年以下に設定した場合は目標までの半分の期間で考える！　5年以上先に目標を設定した場合は3年後の状態を考えてから、この質問をするとよい！」

「けど、僕なんかが、その状態を今、考え出せるのでしょうか？」

「無理じゃ！」

「……」

「何度も言うが、今のトマト小僧には、その答えは考え出せん！　3年後の〝トマト王子〟にしかこの答えを考え出すことはできないのじゃ！」

「では、いったいどうすれば……」

「1問目でキミは、目標を達成した3年後の〝トマト王子〟になっとる。だから、この質問の答えは今のキミではなく、〝トマト王子〟が考え出すのじゃ！」

何が何だかよくわからなくなっていたが、とりあえず〝トマト王子頼み〟でいこうと思うことにした。

「安心したまえ！　では、この質問の答えを考え出すための具体的な方法を教えよう。1問目でキミは、目標を達成した3年後の自分をイメージすることで、そのときに〝自分が何をやっているのか〟を知ることができる。そして、目標を達成した3年後の自分がやっていて、今の自分がやっていないことを考えて、紙に書き出してみるのじゃ！」

「はぁ……」

僕は必死でノートを取った。

「この作業をすると面白い発見がある！　なんだと思う？」

「……すみません、まったくわかりません……」

「……。正解は、『その中で最低5つは、今やろうと思えばすぐやれる』ということじゃ！」

「5つも？　本当ですか？」

「本当じゃ！　例えば、3年後の〝トマト王子〟が着ている服や髪型、話し方などはちょっとがんばればすぐにできる！」

「そんなことでもいいんですか……」

「そんなことがとても重要なんじゃ！　3年後の自分になりきるためにな。そして、残りは当然、今の自分ではできない。それができるようになるために、まず1年後までに、自分がどんな状態になっていればいいのか考えるんじゃ」

僕はこれ以上ないほど脳を回転させながら、老紳士の話に耳を傾け、ノートを取り続けた。

「イメージができてきたら、目標のフォーマット通りに、1年後バージョンの〝目標〟を書く！」

僕は、チラッと目標のフォーマットを見直し、静かにうなずいた。

「1年後の〝小さな目標〟も、〝4つの条件〟を満たして設定すること！」

「わかりました！　やってみます！」

「では、3問目じゃ！」

# 1年後の状態を達成するために、

## QUESTION 3

# 今月、最低でも達成しなければならない目標は？

「人は1年後の目標から、今日、何をすることがベストかを判断することはできない。だから、次は1カ月後まで目標を小さくする必要がある」

「〝最低でも〟ってところがちょっと意外ですね……」

「なかなか鋭いところに気がついたな！　1カ月単位の目標設定のポイントは〝最低でも〟なんじゃよ。なぜだと思う？」

さっぱりわからなかった僕は、考えているフリをして答えを待った。

「キミにも1カ月の〝最低でも〟やらなければならないノルマがあったな？」

「はい、トマトを50個売ることです。ちなみに、半年前まではしっかり50個売っていました」

「それは、50個売らないとどうなってしまうと思うからだ？」

「クビ……？」

急に今の状態を思い出し、僕は大きくため息をついた。

「やらないと〝苦痛〟が待っているから50個を目標にやっていたわけだ？」

「そうなりますね……」

「人が行動するとき、**もっとも強い動機は、〝苦痛〟を避けるための行動**なんじゃ。だから、このやり方はある意味で効果的な方法と言える。事実、世界中の99％の企業がこのやり方でマネジメントをしている」

老紳士は得意げな顔で話を続けた。

「だがこのやり方は、三流企業のやることじゃ。長期的に考えると効果的ではない。なぜなら、**自分以外の者が決めた〝しなければならないこと〟は、人の思考を制限させてしまう**んじゃよ」

クビ寸前の状況にもかかわらず、同じ行動しかできていなかった状況を考えれば納得できた。

「ただ、〝苦痛を避ける〟という、人が持つ、もっとも強い行動の動機を活用しない手はない！」

「ということは、自分が決めた目標へ向けて、自分が決めたノルマであれば、思考を制限することなく〝不快〟をより強く感じながらがんばることができるってわけですね！」

「素晴らしい！　その通りじゃ！」

僕はできすぎた自分の発言に驚いていた。

「1カ月単位の〝小さな目標〟は、シンプルな文に数字を含めることがポイントじゃ！」

「シンプルな文に数字を……」

「どんな目標でも、数字にすることができる！　例えば目標が〝英語力を上げる〟なら、テストの点数でもいいし、レッスンの参加回数でもいい。外国人と話す時間、でもいいだろう」

「なるほど……」

「よし、では『M215』の最後の4問目じゃ！　今日はこの質問で最後にしよう！　暗くなってきたからな」

# 今月、目標達成のために

QUESTION 4

# “3つ”決断できることは何？

「さっきも説明したが、キミのような薄気味悪い凡人は、エネルギーを拡散している！　目標へ向けて効果的に自分のエネルギーを集中させるために、まず、すべきことは〝決断〟じゃ！」

（薄気味悪い……）

「決断の意味はわかるかな？」

「何かをやると決めることですよね？」

「ちゃう！　決断とは文字通り、〝何かを断ち切る〟という意味！　すなわち、**目標達成以外の可能性を断ち切る**ってことじゃ！」

「はぁ……。3つの可能性を断ち切るってことは？」

混乱した僕は、ノートを書くのをやめ老紳士を見た。

「目標達成以外の行動を3つ、やめればいいってことじゃ。その3つに使っていたエネルギーを〝目標〟に集中させるためにな」

今の自分がノルマを達成する以外に、何にエネルギーを使っているかを考えてみた。

最近は、疲れてネットやテレビの時間も減ってるし、節約のために飲み会にも行ってない。トマトを売ること以外は、残念なほどやれていなかった。

「トマト君はまず、夜寝る前に自分を被害者と妄想する悪い習慣をやめることじゃ！　まぁこれからは、嫌でもそんな時間はなくなるだろうがね」

この老紳士はひょっとしたら、僕の家の中を盗撮しているのでは……。そう疑ってしまうほど、僕のことを見抜いていた。

「よし、今日はこれまで！　さっき渡した『M215』の答えをノートに書いて、明日の4時にまたここへ来たまえ！　明日はいよいよ、目標に向けて毎日を〝理想の状態〟で過ごすための『D110』を伝授する！」

「『D110』……。明日もよろしくお願いします！」

しかし、老紳士は僕の熱意が眼中にないかのように、トマトに視線を移してシレッと言った。

「その熟れすぎたトマト3つを3000円で売ってくれんか?」

「3つで3000円ですか……。せめて5000円……」

「どうせ今日はもう売れんじゃろう! 明日は熟れすぎでどうせ売れん!」

何も言えず僕は、熟れすぎた3つのトマトを袋に入れ老紳士に渡した。

「バイバイ! トマティー! シー ユー トモロー!」

老紳士は3つのトマトが入った袋を振り回しながら、月の光を背に消えていった。


帰宅後、僕はペラペラの布団にくるまって、さっそく『M215』に取りかかった。

まず、目を疑うほど汚い字で書かれた〝13の切り口〟メモを自分のノートに書き写した。

そして僕は、15分どころか2時間以上かけ、『M215』を気持ちよく妄想し続けた。

---

スヨンはこれまで見たことがないような眼差しで、僕を見つめながら言った。

「そのときに書いた『M215』はないですか？　すごく見てみたい！」

僕はあのとき初めて書いた『M215』を〝お守り〟としてずっと手帳に入れていた。

少しためらいはあったが、僕はその〝お守り〟をスヨンに渡した。

思えばあのとき、布団にくるまり、初めてイメージした3年後の未来はほとんど実現している。

その3年前に書いた『M215』がこれだ！

＊目標のフォーマット

20××年○月△日までに「トマトのお店を世界10カ国にオープンする」を達成し、「世界一、トマトで多くの人を笑顔にした〝トマト王子〟と呼ばれる男」になっている！

＊M215

Q1 目標を達成した3年後の私は、3年後の今日、何をしている？

プライベート編

切り口❶どんな家に住んでいる？

南国の海沿いにある白い外観のプール付きの家。

切り口❷どんな服装？
ヴィンテージのジーンズに、赤と白のオリジナルアロハシャツ。
切り口❸どんな人と一緒にいる？
思いやりがあって品のある妻と、僕に似た息子、今の親友、世界中のサーファー仲間。
切り口❹どんな言葉使いで、家族・友人・恋人とどんな話をしている？
家族／落ち着いた優しい声で、妻と、息子のことや旅行の計画など。
友人／今と変わらない感じで、バカなことやサーフィンの話。
切り口❺どんな感じで毎日を過ごしている？
いろんなことにワクワクしながら挑戦しつつも、余裕があって……。

## 仕事編

切り口❻どんな仕事をしている？

トマトのお店の世界展開。ビジネスパートナー探し。国に合わせたトマト料理の開発。

切り口❼どんな服装で仕事をしている?

一目で誰もがトマト王子だとわかるように、トマトのような真っ赤な3ピースのスーツ!

切り口❽どんなお客様に何を提供している?

このトマトの大ファンや、たまに贅沢をしにこのトマトを買いに来るお客様に、最高のおもてなしでトマトを販売している。また、このトマトを使った料理本も販売している。

切り口❾どんな価値を世の中に提供している?

至福のひと時。これまでの常識を超えた、舌を驚かすトマト料理の新世界。

切り口❿ある1週間の過ごし方は?

週3は世界中を飛び回っていて、週2はトマト畑に足を運んでいる。週2休み。

切り口⓫ある1日の過ごし方は？

朝7時に太陽の光を全身に浴びて起きる。朝はトマトジュースを飲み、9時頃に会社に真っ赤なスポーツカーで出社。美人秘書に言われるままに移動し、ミーティングをこなし、ランチは打ち合わせをしながら、話題のイタリア料理店で食べる。午後はトマト料理の開発、夕方4時には仕事を終え、海へサーフィンをしにドライブ。サーファー仲間と夕日が沈む時間を楽しみ、19時には帰宅。妻の手料理を家族3人で食べながら妻と息子の1日の出来事を聞き、息子が寝たあとは、妻とトマトより甘いナイトタイム……。

切り口⓬どんなスキルや知識を持っている？

英語力、グローバル経営の知識。人のやる気を引き出すコミュニケーション能力。

切り口⓭どんな気分で毎日仕事をしている？

ワクワクとドキドキ。常に冷静で、自身に満ち溢れ、余裕がある感じ。

**Q2** 1年後、どんな状態になっていたら、確実に目標を達成できている?

今の会社でトップ営業マンになっている。
部下を30人ほど持ち、育成している。
英語が話せるようになっている。
経営の勉強を始めている。
恋人がいる。
月収50万円以上稼いでいる。
真っ赤なトマト色の車に乗っている。

＊1年後の目標

20××年○月△日までまでに、30人の部下を育成しながら毎月350個のトマトを売り、月収50万円を達成し、今の会社でトップ営業マンになっている！

Q3 1年後の状態を達成するために、今月、最低でも達成しなければならない目標は？

今月50個のトマトを売る……。

Q4 今月、目標達成のために〝3つ〟決断できることは何？

お客さんに「すみません……」と声をかけ、申し訳なさそうに営業することをやめる。

毎晩、社会を恨むのをやめる。あとは……。

# 第　4　章

# 『D110』

## 不快こそがエネルギー！

次の日、いつものように足を棒のようにして歩き回り、なんとかトマトを2つ売った僕は、夕方4時に河原に到着し、老紳士を待っていた。

5分、10分……。15分待っても老紳士は姿を現さなかった。

僕は、〝昨日までの出来事は夢だったのでは……〟と思い始めていた。

20分くらい過ぎたときだった。遠くから大きなエンジン音が聞こえてきた。真っ赤な物体がどんどん近づいてくる……。

その5秒後、僕の目の前に、見たこともない真っ赤なスポーツカーが止まった。

「ヘイ！　トマトボーイ！」

目が点になっている僕の狭い視界に、アロハシャツを着て手を振る、いかにもプレイボーイ風のちょい悪ジジイの姿が映っていた。

「いやぁ、遅刻してすまんね！　こいつがどうしてもキミのトマトを食べたいと言うもんで、連れてきてしまったわい」

すると、車の助手席から黒い髪をかき上げながら、ナイスバディーのイタリア系美女が姿を現した。

「ハイ！　プリンス オブ トマト！　マイ ネイム イズ アンジェリーナ！」

頭がついていけない展開に、僕は、気がつくと大きな声で挨拶をしていた。

「ヘイ！　アンジェリーナ！　アイ アム プリンス オブ トマト！」

それから、アンジェリーナという名の女神は、僕がそのときに持っていた18個のトマトを全部買い、僕のほっぺにキスをして、真っ赤なスポーツカーに乗って一人消えていった。

僕は、しばらく放心状態で動くことができなかった。

「さぁ、始めるぞ！　トマトボーイ！　書いてきた目標と『M215』の答えを見せたまえ！」

僕は我を取り戻し、ノートを老紳士、いやアロハ老人に手渡した。

「思ったより出来がいいぞ！　期待以上だ！　まず感想を聞かせてくれ」

僕は一度大きく深呼吸してから、感想を伝えた。

「とても気分がよかったです。不思議と、1年後の状態も次から次へとイメージできて、無事に〝1年後の目標〟も書くことができました！」

「それは素晴らしい！　このノートを見る限り、しっかりイメージできている！　これから月2回、引き続きさまざまなシーンをイメージしながら、美人秘書の髪型やシャツの色、ディナーのときに息子の話を聞いている妻の表情まで鮮明にイメージすることじゃ！」

「はい。ただ……」

「ただ？」

「3年後の自分がやっていて、今すぐにできることが5つはあるものだと言っていましたが、髪型や話し方くらいしか思いつきませんでした……」

「それはまだイメージ不足だからじゃ！　いくらトマトボーイが超一流の貧乏人だからといって、2つしか見つからないわけがない！」

「……」

「しかし、初めてのイメージで2つ見つかればよいほうじゃ。これからも何度もイメージを重ねていく中で、最低でも5つは見つかるじゃろう！　他に感想は？」

「最後の質問で気持ちよさが冷め、モヤモヤ、イライラ、モゾモゾしています」

「それは素晴らしい！　昨日説明した通り、その**〝不快〟こそ、これまでキミが甘んじていた場所から脱出するためのエネルギーとなる。**『M215』を繰り返し、もっとモヤモヤ、イライラ、モゾモゾ、ムラムラするといい！」

（ムラムラ……）

たしかに今日も1日中、いてもたってもいられない気分に侵されていた。

## 人生で期待していいのは自分だけ！

「では、今日は『D110』を伝授しよう！　アー ユー レディー？」

「ヤー！　カモーン！」

「人は1年間に365回、死んでから生まれ変わることができる！　すなわち、1年間に365回も人生をリセットするチャンスが与えられているんじゃ！」

やや興奮していた僕は、いきなりの怪しすぎる話に冷静さを取り戻した。

アロハ老人は、そんな僕の様子など気にも留めず、真顔で話を続けた。

「1年に365回も人生をやり直すことができることに、我々人間は感謝しなければならない。ただ、その一方で人間は、毎日、起きた瞬間から人生をゼロからスタートさせなければならないんじゃ！」

「だけど僕の人生は寝ても覚めても、ずっとピンチの状態が続いてますが……」

「そりゃそうじゃ！　キミが毎朝、昨日と同じ人生を選択し、同じ感情で生きているんじゃからの！」

わかるようで意味不明な話に、僕はとりあえず耳を傾けることにした。

「人生はどんな感情で生きるかによって決まる！　トマトボーイが毎朝、〝あぁ、今日も会社か……。今月50個売れなかったらやばいんだよな……〟なんて超スーパーブルーな感情で1日をスタートさせるから、同情するほど惨めな人生が続いていくんじゃ！」

「……」

「トマトボーイ！　趣味はあるかい？」

「ありません！」

「とことん退屈な男じゃな！　では、キミにも大好きな趣味があるとしよう。

例えば、アリの観察！」

（アリの観察……）

「キミは身内に不幸があったときも、アリの観察を楽しむことができるかい？」

「さすがにそんなときは、楽しむ気分にすらなれません。したくもない……」

「なぜだい？」

「そりゃあ、気分が落ち込んでいるから……」

「ということは、必ずしも〝アリの観察＝楽しいこと〟ではないってことじゃ！　どんな感情でアリの観察をするかで、楽しさが決まる。わかるか？」

僕はアリの観察という趣味が腑に落ちないまま、静かにうなずいた。

「さて、ここからがポイント！　**人の行動も、感情が引き起こす**んじゃ。〝こんなひどい貧乏生活から抜け出したい！〟と、もっと強く感じたら、これまで以上に必死で働くし、〝あのおいしいパスタがどうしても食べたい！〟と強く感じたら、お金を貯めてでも、そのパスタ屋に行くというわけじゃ」

「なるほど……」

「これから教える『D110』とは、キミが〝目標〟を達成するための〝最高の感情〟を毎朝引き出すためのもの！　すなわち〝最高の行動〟を引き出すためのものってことじゃ！」

## 『D110』

ワクワクしてきた僕は、「早く教えやがれ！」という目でアロハ老人を見つめていた。

「それでは1問目じゃ！　メモの準備はいいかな？」

# 今日、何に

QUESTION 5

# “ありがとう”を伝えようか？

いきなり、拍子抜けしながらも、僕はとりあえずメモを取った。

「この質問はトマトボーイには効果的な質問じゃ！　キミはこれまで被害者意識で生きてきた。〝なんで僕だけこんな目に……〟とか〝もっと裕福な家に生まれていたら……〟とか〝僕はバカトマト！〟とか考えてな。そうじゃろう？」

（バカトマトは……）

「自分以外の何かに期待して生きてきたってことじゃ。そんな人間には、チャンスも人も、お金も美女も寄ってこない。魅力ゼロだからな！」

何も言えずに僕は、ノートをジーっと見つめながら話を聞き続けた。

「**人生で期待していいのは自分だけ**じゃ。自分への期待度が高ければ高いほど、人は強くなり、高いところまで行くことができる！」

お腹をエグる言葉だった。僕は大きくノートに書いた。

「この質問を考えるだけで、やさしく温かい気持ちになれる。そして、〝求める側〟から〝与える側〟に自然と変わることができる。〝求める側〟にいる者の心は、どんどん弱くなるが、**〝与える側〟にいる者の心は、どんどん強くなる**もんじゃ。自分の心配ばかりしている暇もなくなるからな」

「〝ありがとう〟を伝えるって、例えば何に……」

「何だっていい！　キミを産んでくれた親、キミのような退屈な小僧を雇ってくれた社長、キミを夜、唯一温めてくれるペラペラの布団！」

「……」

「それに、何より……」

気づくと、アロハ老人は閻魔大王のような目で僕を黙って凝視し、何かを訴えていた。

「あなた様でございます」

「オッホン！　では、2問目じゃ！」

# 今日1日をより楽しくするために、

QUESTION 6

# 新しくどんなことに挑戦する？

僕は大きく深呼吸をし、メモを取り始めた。

「目標を達成するためには、昨日と同じことをやっていてもダメじゃ！　毎日、新しく何かにチャレンジしていかなければならない。その習慣が、キミを〝トマト王子〟へとより早く成長させていく」

「毎日毎日、新しいことが見つかりますかね……」

「もちろん、新しい挑戦を1カ月かけて取り組んだっていい！　〝引き続き、今日も○○に挑戦する！〟という答えでも、ほんの少しでもワクワクする感情があれば問題なし！」

「それなら思いつくかも……」

僕は少しホッとした。

「小さな挑戦でもいいんじゃ！　例えば、〝昨日10分かかった仕事を5分でやれるように工夫する〟でも、〝自分より営業が得意な仲間にアドバイスをもらう〟だっていい！　〝歩き方を変える〟だって、〝女性と話すときの言葉づかいを変える〟だっていい」

「なるほど……」

僕は素早くノートを取りながら、さっそく明日からやれそうなことを考えてみた。

と、突然、アロハ老人が大きく手を振りながら「ここじゃ！　ここ！」と大声で叫んだ。

「腹減ったろ。今日はここに屋台のおでん屋を呼んだんじゃよ」

近づいてくる屋台を見ながら、僕のお腹は大きな音を出した。

「ダンディー！　毎度！」

屋台のおやじは大声で挨拶し、アロハ老人に頭を下げた。

「すまんな、こんなとこまで来てもらって。この小僧におでんをたらふく食わしてやってくれ！」

「へい、喜んで！　ところで例のやつ、できてますよ！」

「おおっ！　楽しみにしとったわい。どれ、食べてみるかい」

屋台のおやじが〝フヤけた赤黒いかたまり〟を取り出し、お皿に入れると、アロハ老人は「どれどれ」と言いながら、そのかたまりを割って、口に入れた。

「ほぉ!!　こりゃうまい！　甘みと酸味が口の中で仲良く絡み合っておる。ほれ、おやじも食ってみ！」

アロハ老人は、残った半分を、今度は屋台のおやじの口に運んだ。

「はっははは、こりゃ美味ですな！」

僕は熱々ほくほくの大根を食べながら、二人の不思議なやり取りを静かに眺めていた。

「あの、それ何ですか？」

「昨日、トマトボーイから買ったトマトじゃ！　おやじに頼んで昨日から入れてもらってたんじゃ！」

一瞬、大根を吐き出しそうになった口を押さえながら、僕は吠えた。

「なんてもったいないことを！　1個3000円もするトマトをおでんの中に入れるだなんて！」

「バカもん！　黙って食ってみろ」

僕はアロハ老人の迫力に圧倒され、おやじが新しく取り出した赤黒くフヤけたトマトを口に入れた。

認めたくはなかったが、おでんになったトマトは、やさしく口の中でとろけ、くやしいほど美味しかった。

「うまいじゃろう！　では、おやじ！　約束通り、毎日3つ5000円でこの小僧から買ってくれるな？」

「へい！　喜んで！　これで話題もできて、お金持ちも屋台に呼べそうですわ！」

アロハ老人は、屋台のおやじと固い握手を交わしながら僕を見て言った。

「これこそ新しい挑戦であり、トマトを1個でも多く売るための工夫じゃ！　参考にせい！」

誇らしげに話すアロハ老人を見ながら、僕は残りの赤黒くフヤけたトマトをたいらげた。

「よし、温まったところで『D110』の3問目じゃ！　これは特に大切な質問だぞ！」

温かく満たされた僕は、ノートを取り出し、アロハ老人の話に集中することにした。

# 今日、何をすれば、
# "予想外の
# 出来事"を

## QUESTION 7

# 神様からの
# ギフトに
# 変えることが
# できる
# だろうか？

「目標達成への道のりには、必ず何度も〝大きな壁〟が現れる！」

「〝問題〟が起こるってことでしょうか？」

「たしかに〝問題〟と言ってしまえば、それは〝問題〟となる。しかし、多くの者が〝問題〟だの〝障害〟だのと言って、イライラしたり、怒ったり、凹んだり、目標達成できない〝言い訳〟にする」

「問題は起きないほうがいいですからね……」

「そうではない！　キミの言う**〝問題〟は、実は目標を達成するために必要なものなんじゃ**」

「目標を達成するために必要……？」

「いいか、トマト小僧！　3年後のトマト王子が抱える問題を、今のトマト小僧が抱えたら即死じゃ！　トマト王子になるためには、3年間で、世界で戦える〝心の筋力〟を身に付けなければならん！　ようするに、目の前に現れた大きな壁、つまり〝問題〟は、神様がキミにプレゼントしてくれた〝筋トレマシーン〟ってことじゃ！」

「問題が現れたら、そのタイミングで乗り越え、筋力を付けなければ、その先で大けがをするってことですね？」

「その通り！　だから、**問題が現れたら、とにかく神様に感謝**しなければならん！　また強くなれる機会がキターーと、喜べばいい」


アロハ老人は日本酒を飲みながら、いつも以上に歯切れよく話を続けた。

僕は今の話をノートに書きながら、今の問題について考えていた。

「そこでだ！　この質問ではまず、自分が神様から与えられている問題は何かを考える！　ちなみに〝予想外の出来事〟とは、その問題のことじゃ。そして、その問題を乗り越え、トマト王子に必要な筋力を付けていくために、この質問文を完成させ、今日何をすべきかを考えるのじゃ！　例えば、トマトを誰かに全部盗まれてしまったとしよう」

「ドデカすぎる問題ですね！」

「この問題を、さっきの質問のフォーマットに入れてみたまえ！」

「今日、何をすれば、『トマトが盗まれたこと』を神様からのギフトに変えることができるだろうか？」

「よろしい！」

「どう考えても、トマトが盗まれたことを神様からのギフトだとは思えませんが……」

「そうか？　トマトが盗まれたことによって、これまで考えもしなかった行動が生まれ、トマト王子により早く成長できるかもしれんぞ！」

ほほを赤らめながら、アロハ老人はテンポよく話を続けた。

「成功者は、**〝予想外の出来事〟を、与えられた成長のチャンスだと捉え、前向きに〝予想外の新たな行動〟を考え、行動する習慣ができている**んじゃ」

「そっか、やらなければいけないことは同じでも、どんな〝感情〟で〝問題〟を乗り越えるかが大切だってことですね？」

「そうじゃ！　〝トマトが全部盗まれてしまったこと〟を問題と言ってしまえばただの問題となる！　そこで、〝どうしよう……〟なんて焦って悩んでいても、いい考えは出てこん！」

僕は、アロハ老人の言葉をしっかりメモに取りながら何度も深くうなずいた。

「とはいえ、問題は大きくなる前に見つけ出し、乗り越えていくほうが楽じゃ！　だからこそ、この質問は毎日考える必要がある！　もちろん、問題がないときだってある。きっと今のトマト小僧にはない。今日は完売だしな！」

僕は一瞬、アンジェリーナを思い出し、そしてニヤけた。

「しかし、来月から〝トマト王子〟になるまでに、必ずいくつかの大きな〝予想外の出来事〟が起こるだろう。そんなときこそ、さっさとこの質問文を完成させ、しっかり〝心の筋力〟を付けることじゃ」

スヨンが突然、何かひらめいたように口を開いた。

「あの、社長室のホワイトボードに書いてある不思議な文章って、その質問文だったんですね？」

僕は微笑みながらうなずき、ウイスキーを一口飲んだ。

今、オフィスのホワイトボードにはこの『D110』の3つ目の質問文が大きく書いてある。

その質問文を紹介しよう。

Q　今日、何をすれば、
『フランスのトマト畑が火事で半焼してしまったこと』を、
神様からのギフトに変えることができるだろうか？

僕はここ2週間、毎日この〝予想外の出来事〟を乗り越え、成長しようとがんばっている。今の僕には、大きな問題が次々とやってくる。あのとき、アロハ老人からこの質問を学んでいなかったら、今頃、僕は精神を病み、〝トマト王子〟になったことを後悔していたかもしれない。

アロハ老人は、腕時計を気にしながら話を進めた。
「では『D110』最後の質問じゃ！」

# 今日、何を達成できたら、自分に120点あげられるだろうか？

QUESTION 8

「まず、この質問で1日の目標を明確にするんじゃ！」

僕はうなずきながら、急いでメモを取った。

「目標に向かってモチベーションを高く維持していくコツは、**日々の小さな目標を確実に達成し、自分で自分をしっかり褒める**ことだというのも覚えておくといい！」

誰からも褒められることがない僕にとって、この言葉は救いの言葉でもあった。

「そのときのポイントは、100点ではなく120点を考えることじゃ！　120点を考えることで、人の脳は〝枠〟を超えて考え始める」

「120点か……」

「自分の基準を少し高くして、考え、行動できるようになると、目標達成へのスピードはより加速する！　この質問をしたあとで、『D110』の2つ目と

3つ目の質問で考え出した答えをより具現化し、さらに工夫を加えてもいいじゃろう！」

僕は〝こりゃ毎朝、頭を使うな……〟と思いながら、急いでノートを取った。

アロハ老人は屋台のおやじから受け取ったおちょこを片手に、夜空を見上げ、静かな声で語り始めた……。

もう、30年も前のことじゃ。

とある学校の学長を務めていたワシは、とても寒い、小さくて貧しい国に行ったことがあった。

その国では、たくさんの子供たちが学校に行けず、朝から晩まで働きながら、その日を必死で生き延びていた。

そこで私は、〝靴磨きのメグレス〟と出会った。

街では、その少年を知らない者は誰一人いなかった。

街には〝靴磨き〟がたくさんいて、1日に5人の靴を磨くことができればいいほうじゃったが、彼だけは違った。

常に客が、寒さに震えながら2、3人は並んで待っていた。彼が靴磨きをする姿は、誰もがうっとりするほど華麗で美しいものだった。

時計が23時を回った頃だった。

客のいなくなったタイミングで、ワシは彼の靴磨き台に右足を置いた。

「いらっしゃいませ！」

彼は満面の笑みでワシに挨拶をした。

「いつもこんな遅くまで働いているのかい？」

「はい！　ありがたいことに。お客さんも遅くまでお疲れさまです」

すでに16時間以上働いているとは思えない、とても感じのいい対応だった。

「この靴、初めて見ました。どこの国の靴ですか？」

「日本だよ。今日、日本から来たんだ」

「日本？　日本ってたしかすごく豊かな国の……。またなぜ日本から？」

「ちょっと用があってね。仕事は大変かい？」

「いえ、もちろん楽しんでいます！」

「もちろん？」

「だって、仕事を楽しまないと人生が楽しくなくなっちゃいますから」

彼はやさしい笑顔で迷うことなく答えた。

「毎日こんな寒い場所で、同じ仕事をしていて辛くはないのかい？」

「同じじゃありませんよ。毎日、どうやったらもっと綺麗に靴を磨けるかって考えながら仕事をしています。だから毎日、少しずつでも綺麗に靴が磨けるようになっています。それに、お客さんといろんなお話もできますしね」

やせ我慢をしているわけでもなく、幸せそうな彼の表情に、私はしばらく言葉を失った。

「夢とか目標はあるのかい？」

「はい！　お金を貯めて、家を買って、かわいいお嫁さんをもらって、いつか家族みんなで温かいご飯が食べたいんだ」

「そうかい……」

「僕には親がいなかったから、子供ができたら毎日思いっきり抱きしめてあげたい！　その夢を叶えるためにも、あと10年は休まず仕事をがんばってお金を貯めるんです！」

とても楽しそうに話す彼のあどけない顔を見つめながら、ワシは思わず、彼を強く抱きしめていた。

冷たく、やせ細った彼の小さな身体を抱いた感覚を、ワシは今も忘れることはない……。


アロハ老人は、目に涙を浮かべながら嗚咽している屋台のおやじに、日本酒をもう一本頼んだ。

僕も溢れる気持ちを抑えきれず、月に向かって大声で叫んだ！

「メグレ――――ス!!」


このとき、僕の胸の奥でたしかに何かが変わった。

「どんな仕事であっても、すべては自分次第ってことですね」

「うむ！　**自分で決めた目標に向かい、1日1日を大切に全力で生きる！**　これ以上の贅沢はない！」

僕はアロハ老人の目をしっかり見て、大きくうなずいた。

「ワシから伝えられることはここまでじゃ！　この4つの質問を、必ず毎朝10分、時間を投資して答えることができれば、間違いなくトマト小僧は3年以内に〝トマト王子〟になっているだろう！」

そのときだった。

遠くから聞き覚えのある爆音が聞こえてきた。

4秒後、またあの真っ赤なスポーツカーが僕らの前で止まった。

「ハイ！　ダーリン&プリンス オブ トマト！」

またもや、イタリア系美女のアンジェリーナが登場した。どうやら、アロハ老人を迎えに来たようだ。

アンジェリーナを舐めるように凝視しながら、僕は両手を大きく振っていた。

「トマト小僧よ！　これでトマトの〝お返し〟はしたぞ！　3年後、必ず〝トマト王子〟になって、ワシにそのトマトを100個持ってこい！」

「わかりました！　ところで、あなたの正体は……？」

「ワシはただの通りすがりの老人じゃ。また3年後な、トマト王子！」

アロハ老人は屋台のおやじにウインクをし、僕に背を向けたまま手を振ってアンジェリーナのほうへ歩いていった。

スポーツカーが走り始めたとき、アンジェリーナが手を振り何かを叫んでいた。

残念なことに、エンジン音にかき消され、その声は僕に届くことはなかった。

「あなた最高にセクシーよ！　また、会いにくるわ！」と言われたのだと思い込み、僕は両手を大きく夜空に向かって突き上げ、大声で叫んだ！


**「アイ アム プリンス オブ トマト！」**

# 最終章

# トマト王子の誕生

## トマト王子の挑戦

スヨンはハンカチで涙を押さえていた。

僕は残っていたシャンパンを、スヨンのグラスに注いだ。

スヨンはグラスに注がれたシャンパンを見つめながら言った。


「今日ついに、そのアロハ老人の正体がわかるんですね？」

「いや、実は数カ月前に彼の正体はわかったんだ。世界的大企業の社長が集まるパーティーでね」

「だから名前をご存知だったんですね？　それで、彼の正体って？」

「ミスター・フェグダ。彼は、世界一のコーチであり、知る人ぞ知る〝目標達成の神様〟と呼ばれている人物らしい。世界的大企業の社長の

多くが、困ったら必ず相談に行くほどのね！」

「うそ！　そんなにすごい人物が、どうしてシチリア島にいて、トマトジュースを売ってるんでしょうか……」

「たしかに。しかも、なぜトマトジュースなんだ……？」


しばらくの沈黙ののち、スヨンはシャンパングラスを手にしながら口を開いた。

「ところでそのあと、社長は〝魔法の8つの質問〟でどのように〝トマト王子〟になったんですか？」


では、最後に、僕がどのように〝トマト王子〟になったのかを話して終わるとしよう……。

ラストチャンスだった月は、アンジェリーナのおかげでなんとかクビになるのは免れた。

それに、毎日、3つ、おでん屋のおやじが買ってくれるようになり、僕の売上げは安定するようになった。


〝魔法の8つの質問〟ですぐに目に見える成果が出ることはなかったが、僕は〝約束の質問〟を1日たりともサボることなくやり続けた。


質問を始めて2カ月が過ぎた頃、僕の営業成績は徐々に変わり始めた。

3カ月後には、おでん屋以外に、トマトを月80個売ることに成功し、その翌月は120個売る新記録を出し、〝トップ営業マン〟となった。

さらに半年後には、部下を13人持ち、毎月トマトを1000個売る〝伝説の営業部長〟となっていた。

アロハ老人から教わった『M215』と『D110』を部下全員に教え、毎朝10分、みんなで考える時間を作った結果、売り上げが10倍になったのだ。

その後も会社の業績は伸び続け、2年後、僕は副社長に昇格した。

その半年後、社長が体調不良で入院したタイミングで、僕は社長となった。

社長に就任してから半年後、世界展開に成功した僕は、ついに〝トマト王子〟と呼ばれるようになった。

「で、何をしたらそんなにうまく事が進んだの？」

とあなたは思っているだろう。

それでは僕が〝トマト王子〟になるまで〝魔法の8つの質問〟で、どんな行動を考え出し、実行してきたのか、いくつか紹介しよう。

まず、僕は赤い生地を買い、裁縫が得意だった母に頼んで、3年後の〝トマト王子〟が着ている真っ赤なスーツをイメージしたジャケットとズボンを作ってもらった。

営業の仲間は僕をバカにして笑ったが、その真っ赤なトマト色のスーツを着て売り歩くようにしてから、毎日3つはトマトが売れるようになった。

そして、不景気でも高級トマトを買ってくれるような高級住宅地に販売エリアを絞った。

背中には「アンジェリーナが愛した赤いダイヤモンド」と書いた看板を立てることで、そこに住むマダムたちの気を引くことに成功した。

マダムたちは、SNSで赤いダイヤモンドや、僕の写真をアップするようになり、口コミで高級トマトの美味しさがどんどん広がっていった。

また、トマトを思い切って1日2つ試食用に小さく切り、食べてもらうようにした。その戦略が成功し、僕はその月に〝トップ営業マン〟となり部下を持つようになった。

しかし、その頃、とても大きな〝予想外の出来事〟が起きた。トマト畑から2週間分のトマトを輸送していたトラックが事故を起こし、トマトがすべてダメになってしまったのだ。

売り物がなくなった会社のみんなは、社長に「2週間分の給料を保証しろ！」とストライキを起こし、会社の中は荒れてしまった。

そのときも僕は、『D110』の3つ目の、あの質問文（今日、何をすれば、〝予想外の出来事〟を神様からのギフトに変えることができるだろうか？）を作って考えた。

## Q 今日、何をすれば、『売り物のトマトを事故で失ったこと』を、神様からのギフトに変えることができるだろうか?

そして僕は、こんな答えを社長に提案した。

〝トマトジャムを作ろう〟という提案だ。

トマトジャムは生のトマトより賞味期限が長いので保管できる。同じような事故が起きても、今後、売り物がなくなることはない。

そして、いちごよりも甘いこのトマトだからこそできるオリジナル商品になると考えたのだ。

すると社長は、すぐにその提案を受け入れ、事故で傷がついたトマトを捨てずに回収させ、さっそく試作品作りに取りかかった。

さらに僕は、もう1つの答えを社長に提案した。

〝この機会に社員全員をトマト畑のある田舎町へ社員旅行に行かせよう！〟という提案だ。

僕たちが売っているトマトがどんな場所で、どのように愛情を注がれて育っているかを、ゆっくり目で見て知るいい機会だと思ったし、何より、社員みんなの団結力を高めるための提案だった。

この提案も、社長はすぐに受け入れて実行した。

社長と僕が新しいトマトジャムの開発をしている間、他のみんなは社員旅行へ出かけ、なんとかストライキは収まった。

この出来事により、一時的にコストが増えて売り上げは落ちたが、新製品である〝トマトジャム〟の誕生で、それまで処分されていた売れ残りの熟れすぎたトマトを捨てずにジャムにして売ることができるようになり、利益はどんどん上がっていった。

その後も、僕の新しい挑戦は続いた。

部下のアイデアをもとに、高級レストランやケーキ屋に「トマトを使ったケーキ」を提案し、企画から一緒につくりあげた。

すると、またたく間にトマトケーキが大ブームとなり、たくさんのパティシエからトマトの注文が来るようになった。

ちなみに、その中でも抜群においしいケーキを作る、美しいパティシエと僕は恋に落ち、結婚した。

そして、世界でもっとも有名なフランスのパティシエからの連絡を受け、販売契約を結んだ。

それを機に、我が社はフランスに初の海外支店を構える決断をし、フランスのみならず、イタリア、ドイツ、イギリス、スペインに、『アンジェリーナ』

という名のトマトスイーツ専門店を開店した。

今もまだ、さらなる展開を視野に入れ、トマトのテーマパークも、大企業や世界中の有名レストランと手を組み、企画している。


---

真っ赤なトマト色の飛行機は、シチリア島へ向けて着陸態勢に入った。

秘書のスヨンは、初めて海を見た少女のような瞳で僕を見つめて言った。

「けど、よく今もずっと毎日、質問を続けられていますね……」

ぼくはシチリアの街を見下ろしながら答える。

「自分の成功のためだけなら、途中で辞めていただろうね。僕は、この質問を毎日することで、アロハ老人にいつも応援されている気がしてね……。どうしても、また会いたかったんだよ……」

スヨンは、真っ直ぐ、僕を見つめて言った。

「一生、社長についていきます」

僕はウイスキーの入ったグラスを持ち上げ、スヨンと乾杯し、最後の一杯を飲み干した。

たしかに僕は、〝魔法の8つの質問〟のおかげで〝トマト王子〟になることができた。

だけど、今だからわかることがある。

この〝魔法8つの質問〟が僕に魔法をかけ、〝トマト王子〟にしてくれたわけではない。

〝魔法の8つの質問〟をきっかけに、〝自分の可能性〟を信じ、行動し続けることができたから、僕は〝トマト王子〟になれたのだ。

どうかこの物語を、僕だけのサクセスストーリーで終わらせないでほしい。

この〝魔法の8つの質問〟で、次に人生を変えるのはあなただ。

# [付録] 魔法のノート

●目標のフォーマット

20　年　月　日までに

を達成し、

になっている！

＊M215

Q1 目標を達成した3年後の私は、3年後の今日、何をしている?

## プライベート編

●どんな家に住んでいる?

●どんな服装?

●どんな人と一緒にいる?

●どんな言葉使いで、家族・友人・恋人とどんな話をしている?

●どんな気分で毎日を過ごしている？

## 仕事編

●どんな仕事をしている？

●どんな服装で仕事をしている？

●どんなお客様に何を提供している？

●どんな価値を世の中に提供している？

●ある1週間の過ごし方は？

●ある1日の過ごし方は？

●どんなスキルや知識を持っている？

●どんな気分で毎日仕事をしている？

Q2 1年後、どんな状態になっていたら、確実に目標を達成できている？

●

●

●

## ●1年後の目標

20　年　月　日までに

を達成し、

になっている！

## Q3

1年後の状態を達成するために、
今月、最低でも達成しなければならない目標は？

**Q4** 今月、目標達成のために〝3つ〟決断できることは何？

● ● ●

**Q5** 今日、何に〝ありがとう〟を伝えようか？

＊D110

**Q6**

今日1日をより楽しくするために、新しくどんなことに挑戦する？

**Q7**

今日、何をすれば、〝予想外の出来事〟を神様からのギフトに変えることができるだろうか？

**Q8**

今日、何が達成できたら、自分に120点あげられるだろうか？

# おわりに

この物語は、私が20代のときに、初めて出版した本（『僕がトマト王子になった理由』）を、40代になった今の私が、リメイクし、出版させていただいた本になります。

ただ、リメイクと言っても、結果的に、全体の5％ほどしか変えることができませんでした。

目標しかない20代だから書けた、エネルギー溢れる文章に、おじさんが下手に手を加えることを、「この物語」が拒否しているように感じたからです。

実際に、私は20代から、本書の〝約束の質問〟（魔法の8つの質問）をやり続け、40代になるまでに、20代に設定した目標をほぼ達成することができました。

だからこそ、改めて、この物語と〝約束の質問〟をひとりでも多くの方に届けたいという気持ちになり、出版させていただきました。

毎日10分でも、〝約束の質問〟を続けることは、本当に困難です。

そこで、40代になったおじさんから、〝続けられるコツ〟を、最後に、こそっとお伝えしたいと思います。

それは、「毎日、〝約束の質問〟を声に出して読むだけでも大丈夫」です。

20代の私や、アロハ老人には怒られてしまうかもしれませんが、毎日、質問にきちんと答えなくても、気持ちが乗らない日は、「質問文」を声に出して読むだけでも大丈夫だと思ってください。

私も、実際に4日に1回は、読むだけの日がありましたが、目標はきちんと達成できましたしね。

何より大切なことは、自分の可能性を、誰よりも自分が信じてあげること。

何があっても、自分は、自分の味方でいてあげることです。

最後に、この物語は、「かざひの文庫」さんから2018年に出版させていただいた著書『目標達成の神業』の物語の15年後の設定になっています。

前回は「アロハ紳士」として登場し、この作品では「アロハ老人」として登場した謎の人物は、私の中でもいったい何者なのか……正直、よくわかっていません。

私が「コーチング」の魅力を伝えようと書き始める物語に、必ず、勝手に登場してくる、あの滅茶苦茶な人物は、実は私が無意識に憧れている人物像なのか……、それとも、私の中にいる理想のコーチなのか……、はたまた、未来の私なのか……。

その答えがわかるかもしれない15年後、30年後を楽しみに、私も引き続き、トマト王子に負けず、コーチとして、常に変化を選択し、挑戦を楽しんでいきたいと思います。

令和3年3月3日

馬場啓介

**馬《ば》場《ば》啓介《けいすけ》／ビジネスコーチ**

トラストコーチングスクール代表
マザーズコーチングスクール代表
2つの大人気コーチングスクールの代表として「誰もがコミュニケーションを学ぶ文化を創る」をミッションに、多くの国内外の認定コーチたちとコーチングサービスを提供。経済産業省や大手企業などの人材育成を担当する傍ら、作家としての活動の幅も広げている。
主な著書「『キングダム』で学ぶ最強のコミュニケーション力」（集英社インターナショナル）、「目標達成の神業」（かざひの文庫）、「なぜか好かれる人のわからせる技術」（サンマーク出版）。

# 3000円のトマトはなぜ売れた？

## 未来を決める「1日10分」奇跡の習慣

2021年4月29日　初版発行

著　者●馬《ば》場《ば》啓介《けいすけ》

発行者●磐﨑文彰
発行所●株式会社かざひの文庫
〒110-0002　東京都台東区上野桜木2-16-21
電話／FAX　03(6322)3231
e-mail　company@kazahinobunko.com
http://www.kazahinobunko.com

発売元●太陽出版
〒113-0033　東京都文京区本郷4-1-14
電話 03(3814)0471／FAX 03(3814)2366
e-mail　info@taiyoshuppan.net
http://www.taiyoshuppan.net

印刷・製本●モリモト印刷
装丁●Better Days（大久保裕文+永井麻美子+山口華子）
イラスト●髙田茂和

ISBN978-4-86723-035-0